精神科医Tomyが教える

50代を上手に生きる言葉

精神科医
Tomy

ダイヤモンド社

はじめに

アテクシ、精神科医Tomyと申します。精神科医として日々診療に向き合う傍《かたわ》ら、Xを中心に〝心が楽になる生き方〟をみなさんに発信しています。この本は、その中から50代のみなさんに向けて、心がホッとする言葉を厳選したものです。悩みごとがあって不安になったり、疲れて辛くなったりしたとき、ページをめくっていただければ、ほんのわずかな時間で心が癒やされると思います。

アテクシ自身はアラフィフですが、「まだまだ若くありたい」なんて、自分の年齢にあらがう気力はとうになく、来たるべき50代に向けて、日々イメージトレーニングをしています。

日々精神科で診療にあたっていると、50代という年代は、悩みが相

次いで発生しやすい時期であることがわかります。若いころに比べて、身体能力がだんだん衰えてくるのを自覚するし、両親の介護問題なども出てきます。子どもたちが成長し、手がかからなくなって、生活環境が大きく変わる年代でもあります。仕事でも、会社勤めなら定年退職が見えてきて、漠然とした老後の不安が頭をもたげるようにもなってきます。実は、そんな悩める50代に向けた本が欲しいというリクエストが、近ごろ本当によく寄せられていたのです。

そんな悩み多き年代も、ちょっと考え方を変えれば、明るくも、楽しくもなります。実際、アテクシ自身、日々患者さんと相対しつつ、いろいろと考え方を工夫していたら、50代が楽しみにすらなってきています。ぜひともこの本で、50代を上手に生きるためのチケットを手にしていただけたら、著者として幸いです。

Contents

はじめに——2

Chapter 1
今を大切にすれば いつでも後悔しない

1 生き上手——14
2 トク——15
3 悔しさ——16
4 嫌——17
5 傷——18
6 生き方——19
7 仲よく——20
8 人間関係——21
9 満足——22
10 優しく——23
11 悩む——24
12 時間——25
13 不自由——26
14 短所——27
15 無神経——28

Tomy's room
将来の経済的不安が増す
老後資金が追いつかない 29
16 放っとく 30
17 常識 31
18 遊ぶ 32
19 続き 33
20 アテ 34
21 突然 35
22 納得 36
23 失敗 37
24 チャンス 38
25 挽回 39
26 優先順位 40
27 コツ 41
28 仲間 42
29 マンネリ 43
30 サイン 44
31 逆 45
Tomy's story
自分は自分、他人《ひと》は他人 46
32 努力 48
33 うまく 49
34 充分 50
35 飲み会 51
36 受け入れ 52
37 理不尽 53
38 ばか 54
39 離れる 55
40 終わる 56
41 エゴ 57
42 制限 58
43 情熱 59
44 友達 60
45 とっておき 61
46 今 62
47 オンリーワン 63
Tomy's room
この先、これまで以上の
楽しいことがなさそう…… 64

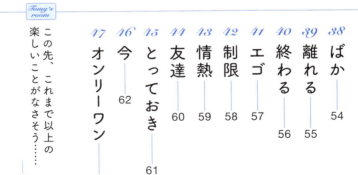

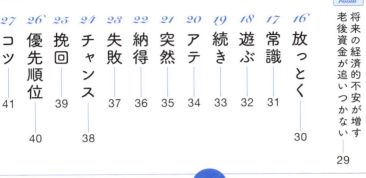

Contents

Chapter 2 うまくいけば御の字、御の字

48 対応 66
49 ジャッジ 67
50 我慢 68
51 見切り 69
52 疲れ 70
53 思い込み 71
54 方法 72
55 御の字 73
56 儲けもん 74
57 別れ 75
58 相性 76
59 ボーナス 77
60 自分軸 78
61 存在 79
62 映画 80
63 なる 81
64 ズルさ 82
65 目の前 83
66 評判 84
Tomy's room 親しかった人たちが亡くなり孤独に 85
67 許す 86
68 アテ 87
69 無理 88
70 文句 89
71 理解 90

72 宝石 91
73 技術 92
74 思い出 93
75 距離感 94
76 サイコロ 95
77 意味 96
78 私 97
79 今日 98
80 いい人 99
81 ラッキー 100
82 勝ち負け 101
83 人生 102
84 手 103
85 意志 104

86 充分 105
Tomy's story 許せない人がいたら…… 106
87 クヨクヨ 108
88 元気 109
89 やらない 110
90 謙虚 111
91 喜ぶ 112
92 いい 113
93 暇 114
94 ミス 115
95 焦り 116

96 真面目 117
97 関わらない 118
98 悪化 119
99 感情 120
100 輝き 121
101 価値観 122
102 迷い 123
103 変な人 124
104 知る 125
105 緊張 126
106 伝える 127
Tomy's room 視力も容姿も低下……自分の進化が感じられない 128

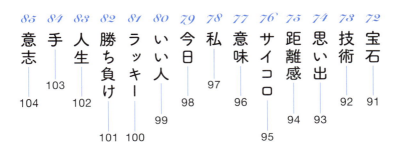

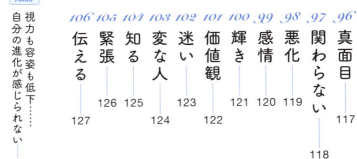

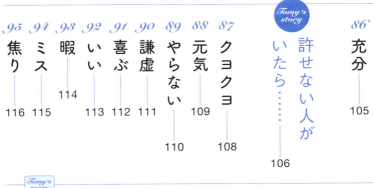

Contents

Chapter 3

人生全部なりゆきよ

107 秘訣 130
108 強気 131
109 放置 132
110 なりゆき 133
111 贅沢 134
112 経験値 135
113 人材 136
114 才能 137
115 笑顔 138
116 無駄 139
117 結果 140
118 別人 141
119 背中 142
120 頑張る 143
121 過程 144
122 自然 145
123 他人 146
124 正解 147
125 気分 148
Tomy's room 夫は外づらがいいけれど本当はクレーマー 149
126 固まり 150
127 いい 151
128 善良 152
129 のんびり 153
130 文化 154

131 ピン 155
132 遠慮なく 156
133 見る目 157
134 存在 158
135 裏切り者 159
136 幸せ 160
137 ボチボチ 161
138 愛嬌 162
139 運 163
140 気づき 164
141 世界 165
142 欲 166
143 無視 167
144 味わう 168

145 自己肯定感 169

Tomy's story
迷ってしまって悩んだら…… 170

146 大事 172
147 転機 173
148 他人軸 174
149 モヤモヤ 175
150 自信 176
151 それでいい 177
152 怒り 178
153 淡々と 179
154 嫌われる 180

155 生きる 181
156 極意 182
157 流れる 183
158 ダメ 184
159 傷つける 185
160 置く 186
161 魅力 187
162 適当 188
163 解決 189
164 五分五分 190
165 言動 191

Tomy's room
気がつけば年下ばかり若い子たちと交流すべきか 192

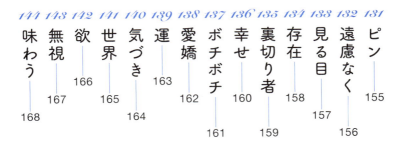

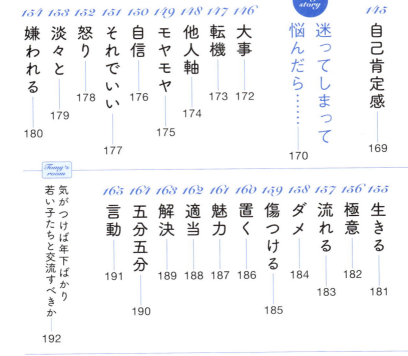

Contents

Chapter 4

辛いときは頑張らない

166 楽 194
167 相手 195
168 普通 196
169 鮮度 197
170 悲観 198
171 引く 199
172 払う 200
173 大丈夫 201
174 いつも 202
175 筋合い 203
176 素直 204
177 配慮 205
178 やめる 206
179 見方 207
180 楽しみ 208
181 前向き 209
182 自分 210
183 違和感 211
184 へりくだる 212
Tomy's room 夫婦関係がマンネリ化 新しい刺激を求める気持ちも 213
185 顔色 214
186 次 215
187 素敵 216
188 ポンコツ 217
189 嘲笑 218

190 気持ち 219
191 孤独 220
192 朝 221
193 ニッチ 222
194 最高 223
195 ご縁 224
196 ネガティブ 225
197 運 226
198 バケーション 227
199 大切 228
200 個性 229
201 心配 230
202 攻撃的 231

Tomy's story
思い通りの人生？ 232

203 話す 234
204 自然体 235
205 らしさ 236
206 行動 237
207 競争 238
208 哲学 239
209 無理 240
210 判断 241
211 老い 242
212 思い込み 243

213 昔 244
214 寝る 245
215 毎日 246
216 否定 247
217 比較 248
218 嫌なところ 249
219 辛さ 250
220 人柄 251
221 人 252

Tomy's room
もうすぐ定年退職になる 誰とも話さなくなるかもと不安 253

おわりに 254

Chapter 1

今を大切にすればいつでも後悔しない

1

生き上手

自分は疲れてないかな？
これ自分の
やりたいことかな？
引き受けるとキャパオーバー
にならないかな？

生き上手になるために、心に置くのよ。
「自分マネージャー」を。

悩んでも悩まなくても結果が変わらないのなら、悩むのはやめたほうがおトクよ。

結果が変わることだけ悩みましょ。

2 トク

3 悔しさ

うまくいくも、
うまくいかないも
ご縁ものだと
思えばいいのよ。

何かのせいにするから悔しくなる。

はっきり言って、
人生なんてそんな
長いものじゃないから。

嫌な人、嫌なことに
割く時間なんて全くないのよ。

4
嫌

5

傷

ひどい言葉に傷つかなくてもいいのよ。

「あ、こういうこと言っちゃう人なんだ」とこっそり思えばいいことよ。

**決して他人に譲っては
いけないものがあるわ。**

それは自分の生き方。
奇妙なことに他人に譲っても意味がないのに、
「譲れ」って言ってくる人がいっぱいいるの。

6 生き方

7

仲よく

**みんなで仲よく、
なんて必要ないわ。**

見るからにケンカしてなければ、
それでいいの。

人間関係って、どっちが正しいとかじゃないの。

一緒にいて楽しいかどうかなのよ。

8

人間関係

9

満足

自己満足でいいのよ。

というより、
自分が満足しなくてどうするのよ。

納得いかなければ、
人に優しくなんか
しなくていいのよ。

無理やり優しくしても、
誰のためにもならない。

10
優しく

11

悩む

人が悩む姿って美しいのよ。

だって真面目に生きてる証拠だから。

時には、何もかも失ったかのように思えるときもあるでしょう。

でも、そんなもの最初からなかったのよ。
錯覚なの。
本当に自分だけのものって、
自分の時間だけよ。

12
時間

13

不自由

人間何をするにしても
いい環境になると、
かえって何も
したくなくなるのよ。

多少の不自由さは残しておく。

誰だって
長所も短所もあるわ。

ジグソーパズルのピースみたいなもの。
そこがピッタリ合う人と、
人間関係をつくればいいの。

14 短所

15

無神経

無神経だって言われても、
気にしなくていいわ。

そんなことを言う相手のほうが無神経だから。

将来の経済的不安が増す
老後資金が追いつかない

Q 娘の大学生活にかかる費用が減少する一方で、老後の生活費や医療費が増加することを心配しています。今さらながら老後のプランが万全ではないと感じており、財政面の安定が家族の幸福に影響すると考え、不安が募っています……（56歳女性）

A ぶっちゃけ、老後のプランなんて立てなくてもいいわよ。なぜかというと、何が起こるかわからないから。いつどんな病気になるかわからない。自分がいつまで生きるかもわからない。お金の価値だって、暴落するかもしれない。災害に遭うかもしれない。何か１つでも起きたら、自分のライフプランなんて吹き飛びますから。当面なんとかなるようにやりくりすれば、とりあえずはいいんじゃないのかしら？

16

放っとく

放っておく力って
結構大事よ。

焦って動きすぎるのは失敗のもと。
次の展開が起きてから動けばいいの。

ヒントはたいてい常識の裏側にあるわ。

行き詰まったら常識を疑いましょ。

17

常識

18

遊ぶ

遊ぶのが苦手な人は、「遊ぶのも仕事だ」って思えばいいの。

定期的に、仕事や勉強以外のことをしましょ。人生面白くなるから。

人生の本質は、
続きがあるってことよ。

1度の結果で終わりじゃない。
続くの。
そこに希望があるの。

19
続き

20

アテ

アテは外れるものよ。

当たったら儲けもんぐらいで。

幸せって、必ずしも
ゆっくり築くものばかり
じゃないのよ。

突然やってくることもあるの。
だからあきらめないで。

21
突然

22

納得

友達の数なんて、
どうでもいいのよ。

納得できない付き合いは、
ないほうがいいの。

どんな失敗も、失敗談にしたら役に立つ。

話のネタにもなる。
捨てるところはありません。

23 失敗

24

チャンス

何かがダメになったとき、
違うチャンスが
訪れてるのよ。

あとは見つけるだけ。

人間って最後の記憶が一番強く残るのよ。

つまり、いつでも印象を挽回できるわ。

25

挽回

26

優先順位

人生で選びとれることなんて実はあんまりないのよ。

自分にとって一番優先順位の高いことを、ちゃんと意識しておきましょ。

長く頑張るコツは、最初に頑張りすぎないことよ。

最初に頑張りすぎると、
自分もまわりもそれが当たり前になって
続かなくなるんです。

27 コツ

28

仲間

仲間を選ぶのって大事よ。

人は仲間に影響されるから。

29 マンネリ

マンネリって悪いことじゃないのよ。

ずっと続けられてるから
マンネリになる。
凄いことじゃない？

30

サイン

その日の疲れは、
その日のうちに♫

翌日以降に持ち越し始めたら
やりすぎのサインよ。

人のために
生きたいからといって、
アナタが幸せになっちゃ
いけないわけじゃ
ないわよ。

むしろ逆よ、逆。

31

逆

自分は自分、他人《ひと》は他人

アテクシ、これまで10年間やってきた自分のクリニックを事業承継したんです。ヒイヒイ言いながらも、なんとか軌道に乗せたクリニックでした。これからも続けることはできたのですが、違うことを始めてみたいという思いもあり、10年で区切りをつける決心をしました。

幸いにもよい先生に引き継いでもらうことができたのですが、その後継者を見つけるまでには、実に2年もかかりました。今思うと、最初のころは「こんなふうに引き継ぎたい」という思いが強すぎたために、なかなかうまくいかなかった気がするんです。

でも、「もう誰かに引き継いでもらわなくても、つぶしてしまえばいいや」と思いかけたとき、よいご縁が生まれたんです。

自分の意志というのは、自分だけのもの。誰かが引き継いでくれるのであれば、それだけで充分にありがたいこと。あとは引き継いでくれた人が、思う存分やってくれれば、それでよし。そして、「このクリニックを引き継いでよかった」と思ってもらえたら、最高よね。

自分のこだわりは、自分だけのもの。それがどんなに素晴らしいものであったとしても、他人に押しつけるべきではないの。他人には他人の思いがある。その思いを尊重できないのなら、何もかもうまくいかない。

もし誰かに何かを任せる立場の人がいたら、この言葉がきっと役に立つわ。

自分の志を他人に引き継ぐなんて無理なのよ。

人が変われば志も変わります。
そう思ってお任せするのがいい。

32

努力

努力なんて
ずっとはできないのよ。

いつかは努力しなくても
続くようにしましょ。
努力ってあくまできっかけ。

やりたいことなら、
必ずうまく
いくわけじゃない。

でもやりたくないことをやっても、
確実にうまくいかない。

33
うまく

34

充分

アナタの気持ちなんて
誰にもわからない。

アナタに私の気持ちがわからないように。
でも知ろうとしてくれるのなら、
それで充分じゃない？

飲み会なんて無理して行かなくていいわよ。

仲よくなれる人は
お酒のチカラを借りなくても
仲よくなれるから。

35

飲み会

36

受け入れ

終わりを受け入れる
というのも
大事なお仕事なのよ。

次に進むために。

37
理不尽

世の中は基本理不尽なもの。

その中で極力筋を通すのが、イイ。

38

ばか

ばかにされた
からといって、
何も悔しがらなくても
いいわ。

ばかにするような人のほうが、
よっぽどみっともないもの。

人を憎むぐらいなら、
離れましょう。

そんな人のことで
自分の気持ちを汚すことはない。

39 離れる

40

終わる

嫌な時間も時代も
必ず終わるから。

ひっそりとやり過ごしましょ。

41 エゴ

「他人によく思われたい」だけで動くとうまくいかないわ。

それは一種のエゴだから。
よく思われるかどうかじゃなくて、
自分が納得するように動く。

42
制限

自由と時間がありすぎると、かえって意欲がなくなるものよ。

制限があるというのも大切なの。

情熱っていうのは、
波があるものよ。

情熱がなくてもいいのです。
それがあるときに
熱くなればいいだけです。

43
情熱

44

友達

独りでいるより
楽しいと思ったことがある。

そんな人と友達になればいいのよ。
それ以外は無理しない。

45

とっておき

怒りっていうのは、エネルギーを使います。

とっておきの人だけにプレゼントしましょ。

46

今

「人生やり直したい」なんて思わなくていいのよ。

今を大切にすれば、いつでも後悔しない人生に変わるから。

47 オンリーワン

自分が見ることのできる人生は、自分の分だけ。

オンリーワンだから、比較する意味はないのよ。

この先、これまで以上の楽しいことがなさそう……

Q 夫婦共働きですが、自分の会社員人生も、徐々に終わりが見えてきました。娘は大学３年生になって、お金がかかる時期も過ぎようとしています。この先、楽しいことがあると思えなくなってきました。この心境の変化をどう受け止めたらよいでしょうか？（55歳女性）

A 楽しいことっていうのは、今つくるものなのよ。「この先楽しいことがあるのだろうか？」じゃないのよ。今やってみたいことはないのかしら？　それを常に考えて行動する。今日一日を楽しく過ごす。年齢を重ねるにつれて、できないことも出てくるけど、そのときの日常の中で楽しみをつくればいい。結局、その作業は若いときも、年齢を重ねてからも変わらないはず。楽しいことがあるかないかじゃなくて、「今を楽しもう」。それでいいの、それがいいの。

Chapter 2

うまくいけば御の字、御の字

48

対応

相手の言動は、
性格というより
学習の結果なの。

それをすれば相手にとって
いいことが起きるから。
相手の言動が嫌なら、
対応を変えるのが得策よ。

49
ジャッジ

**相手がどういう人間か
なんてわかりっこないし、
無理にジャッジしなくても
いいんじゃない？**

一緒にいて楽しいのならそれでいい。
そうじゃなかったら離れればいい。

50

我慢

我慢しなきゃ続かないことは、いずれ我慢できなくなるわ。

我慢しなくて済むことをやったほうがいい。

どんなに頑張っても、性に合わないことってあるのよ。

いつまでたっても慣れないものは、適度に見切りをつけていいわよ。何でも克服しなきゃいけないわけじゃない。

51

見切り

52

疲れ

人が悩むときって、
たいていお疲れのとき。

疲れをとれば、
気がついたら忘れてたりするものよ。

意外と、
自分の求めてるものって
わかってないのよね。

「自分にはこれしかない」
なんて思い込まないようにね。

53
思い込み

54

方法

解決方法は
いくらでもあるのよ。

不安になるのは、
限られた方法だけにこだわっているからよ。

55

御の字

父はよく言ってました。

「うまくいけば御の字、御の字」

そうそう、うまくいかなくたって結構。

でもうまくいけばしめたもの。


それぐらいがちょうどいい。

56

儲けもん

夢というのは
追いかけてる時間が
一番楽しいのよ。

かなったら儲けもん、
ぐらいのつもりでいい。

別れの辛さは、忘れなくてもいい。

乗り越えなくてもいい。
脇に置いて、今やることに目を向ければいい。
あとは時間がなんとかしてくれます。

57

別れ

58

相性

嫌われてもいいのよ。

ただの相性なんだから。

59 ボーナス

人生うまくいかないのが平常運転よ。

何も問題ないときはボーナスタイムです。

60

自分軸

人生楽しいか
どうかじゃない。

楽しむのよ。
これが自分軸よ。

人を支えるって、何も特別なことは必要ないの。

支えたいと思ってあげる、
アナタの存在が充分支えになるの。

61

存在

62

映画

人生映画よ。

大変なときも、ただの一幕。

全てなるようになる。

言い方を変えれば、
何も心配しなくていいんです。
だって、なるようになるんだから。

63

なる

64

ズルさ

ズルさで得する
人なんていないのよ。

ズルさで失うものもいっぱいあるのだから。
だから、モヤモヤしなくていい。

幸せは、
将来得られる
ものじゃないの。

今、目の前にあるの。

65

目の前

66

評判

評判なんて
無責任なものよ。

気まぐれにコロコロ変わるんだから。
そんなの気にしないで、
自分のやりたいようにやればいいのよ。

親しかった人たちが亡くなり孤独に

Q 両親を亡くし、親しかった先輩や友人が亡くなることも増えてきて、孤独になるのが怖くなってきました。考えすぎだし、自然のなりゆきだとも思うのですが、なんとなく不安になってしまうんです。どうポジティブに生きたらよいでしょうか？（56歳女性）

A どんな人間も、いずれ孤独になっていきます。それは仕方のないことよ。だから１人の時間に、最初から慣れておくほうがいいの。では、どうすればいいかというと、頭をお暇にしない。人間、目の前のことに集中していないと、ロクなことを考えないの。孤独もそうよ。考えそうになったら、環境や行動を変えてみなさい。それで気持ちが切り替わって、少しは考えなくなるから。

67

許す

どうしても許せない？

別に許さなくてもいいのよ。
許せない自分ぐらい許しましょ。

好評も悪評もアテにならないわよ。

だって噂を広げる人自体が
信用できないじゃない？
だから自分の目で見て、
自分で判断するの。

68 アテ

69 無理

納得できないのなら、大目に見る必要なんてないわよ。

そんな無理をしなくても付き合っていける人と関わればいいの。

必要なことは
遠慮なく言いなさいね。

それに文句を言う人は、
いずれうまくいかなくなる相手ですから。

70
文句

71

理解

誰かに理解なんて
されなくてもいいのよ。

自分だって自分のことが
よくわからないんだもの。
一緒にいて楽しければそれでいい。

世の中、良いことも
悪いこともあるわ。

だったら良いことだけ見つめていればいい。
どんなに泥だらけになっても、
宝石が見つかったら嬉しいでしょ。
それは宝石だけを見ているからよ。

72
宝石

73

技術

話を聞く技術も大事。

でも、話を聞かない技術も大事なのよね。

人は思い出を食べて生きていくのよ。

常に「こんなシーンもいつか思い出になるのだろうな」と思っておく。
そうすると、
自然と日々を大切にできるはずよ。

74 思い出

75
距離感

どんなに相手のことが好きでも、相手との適切な距離は必要よ。

好きという気持ちと、人間関係の維持は別物。

76 サイコロ

世の中、うまくいかないことのほうが多いわ。

その分、多く試行錯誤すればいいの。
サイコロの面が多ければ、
より多く振るほうが
「当たり」が出やすいでしょ。

77
意味

一生懸命やることが意味を持つのは、自分で納得したときだけよ。

やみくもにやるもんじゃない。

自分の正解は、自分が一番知っているの。

最後に決めるのは私。

78

私

79

今日

幸せの居場所っていうのは、今しかないのよ。

今日、今を幸せに思える人こそが幸せなの。

80
いい人

「いい人だよね」って言われるときって、たいてい「都合のいい人」よ。

いい人だと言われなくていい。

81

ラッキー

好きな人だけと関わると、あら不思議！

周りの人が好きな人だらけになるわ。ラッキー♥

82

勝ち負け

相手に「勝てない」と思っているうちは勝てないわ。

「勝ち負けはどうでもいい」と思えたら勝てます。つまり、勝ち負けなんてどうでもいいのよ。

83

人生

人生に良いも悪いもないの。

自分の時間がここにある。
それが人生ということ。

手に入ったものだけがチャンスなのよ。

手に入らなかったものは、
元々チャンスなんかじゃなかったの。

84

手

85

意志

後悔しない生き方
というのは、
「後悔しない」と
決めたらできるのよ。

必要なのは意志だけ。

人気者に憧れる必要なんてないわよ。

だって、そんなに多くの人に対応なんてできないじゃない？大切な人が一人でもいたら、充分すぎるぐらい。

86 充分

許せない人がいたら……

アテクシはのんびりしていて、寛容な人に見られることが多いけれど、ある人を「許せない」と思うようなこともあったのよ。それなりに大きな出来事だったけど、とはいえ、ふと思ったの。許せないと思ったところで、何か自分にとってよいことあるのかなって。

だって、許せないという気持ちは、「恨み」とも言えるじゃない。

ずっと心に恨みを抱えているような人って、魅力的じゃないですよね。ネガティブなエネルギーを、マグマのように心の奥底に秘めている人って、なんだか嫌じゃないですか。

何より許せないようなことをした人のために、それ以上自分を害することはしたくないじゃないですか。考える時間ももったいないし、それで嫌な気分になるのもバカバカしいし。一番いいのは、そんなくだらない人のことは、忘れること。

じゃあ忘れるためにどうすればいいかというと、とりあえず脇に置いておくことなのよね。気になっても脇に置いておいて、今やるべきことに集中する。

許せない人のことは過去の話なんだから、今、エネルギーを割くことなんてないんです。だからとりあえず脇に置いておけば、どんどん過去のどうでもいい話になっていくの。

「許せない」なんて思い続けていたら、ずっと心に刻み込むことになる。そんなの嫌でしょ。だから、いったん脇に置いておきましょ。

許せなくてもいいのよ。
許せないまま置いときなさいよ。
特に何もしなくても、少しずつ薄れていくわよ。

87

クヨクヨ

うまくいかなくなったことで、つかむチャンスもあるのよ。

しかもそういうことって、わりとよくあるのよ。クヨクヨする必要はないのよ。

元気なんて出さなくてもいいのよ。

元気なときに動けばいいの。
お天気と一緒。
誰も無理やり晴れにしようなんて
思わないでしょ。

88 元気

89

やらない

ピンと来ることを
しなさい。

それはつまり、
ピンと来ないことはやらない。

どんな人にも傲慢な部分はあるわ。

それを認識することが謙虚ってことよ。

90

謙虚

91

喜ぶ

クレーマーみたいな人から「もう来ない！」って言われたら、それはラッキーよ。

喜ぶしかない。

何のために?

いいのよ、
楽しければそれでいいのよ。

92 いい

93

暇

格好いい大人って、暇が楽しめる人のことだと思うのよね。

何もないことを楽しむ。

人間ミスもするわよ。

でもミスも含めてご縁なのよ。
ミスしてダメになったものは、
ご縁がなかったんです。

94 ミス

95

焦り

人間が
納得できない選択肢を
選んでしまう瞬間、
それは焦っているときです。

焦っていると、後でモヤモヤする
選択肢を選びがちになるのよ。
焦っているなあと感じたら、
ちょっと一息つきなさい。

真面目に生きていれば、
良いこともあるわ。

というより真面目に生きることが、
もう良いことなのよ。

96 真面目

97

関わらない

世の中には、「せめて本人の幸せを願う」ことすらしないほうがいい人もいるのよ。

本当に、心の隅にも置いちゃいけないレベルで関わってはいけない人よ。そんなにいないけど、確かにいるの。

Tomy's advice

うまくいかないことが続いたら、待つか引くの。

先に突き進んで何とかしようとすると、たいてい悪化する。

98 悪化

99
感情

感情って
コントロールしようと
しないほうがいいの。

コントロールしようとすると、逆に残るの。
時間を置くと勝手によい状態に
戻るから大丈夫よ。

自分が輝ける場所なんて
勝手に用意されないわよ。

自ら輝きにいくのよ。

100
輝き

101

価値観

人の価値観なんて、
常に変わるのよ。

いちいち気にしなくてもいい。
今、価値観が合う人と、
楽しく過ごせばいいだけよ。

迷う必要なんか
ないわよ。
何事もなるように
なるんだから。

やってもいいし、
やらなくてもいいし、
後悔しなくてもいい。

102

迷い

103

変な人

人に怒りを抱いたら「あら、変な人ね」と思っておくのがいいわ。

憎しみを残さず、流しやすくなる。

何でもかんでも知ろうとしないほうがいいわ。

知ったところで、不安が増えるだけ。
鼻を突っ込みすぎると
蜂に刺されることもある。

104
知る

105

緊張

緊張する理由は「うまくやらなきゃ」って思うから。

アナタが楽しめるのが、うまくやるってことなのよ。

自分の考えって隠すものじゃないのよ。

しっかり伝えるものよ。
相手のことを思うなら、なおさら。

106

伝える

視力も容姿も低下……
自分の進化が感じられない

Q 年齢を重ねるにつれ、だんだんと視力が低下してきて、容姿も衰えてきたのが辛いです。しょうがないことなのはわかっているのですが、頭の回転も鈍ってくるなど、自分が劣化することばかりを感じて、進化することが思いつきません。なんだか気がめいってしまいます……（53歳女性）

A 人生にはそのときそのときの景色っていうのがあるのよ。30代には30代の、40代には40代の、50代には50代の景色っていうのが。肉体的にはできないことも増えてくるし、見た目だって変わってくるけれど、今しか見えない景色というのがある。アテクシの場合、以前にはわからなかった野菜のおいしさが、わかるようになってきた。お酒もちょっとで充分。無理に外出しなくても、自宅で満足。それって、進化そのものじゃないかしら？

Chapter 3

人生全部なりゆきよ

107

秘訣

勝ち負けを意識すると、負けやすいのよ。

それって他人からの評価を気にする他人軸でしょ？
自分らしく自分のやれることをやる。
これがアナタの力を最大に引き出す秘訣。

他人が怒ってないか気になっちゃう人は、もっと強気に行けばいいのよ。

他人がなんだ！
私が何か悪いことをしたか？
ぐらいの勢いでね。
本当にアナタが悪い場合は、他人の気持ちなんか気にもしないでしょうから。

108

強気

109

放置

納得がいかないことを
放置すると、
納得がいかない人生に
なっちゃうわ。

日々の積み重ねなんです。

人生全部なりゆきよ。

コントロールしようとするから
悲しくなるの。

110

なりゆき

111

贅沢

毎日一緒にいられる人って、とても貴重なのよ。

そんな日々こそがあり得ないほどの贅沢だわ。

変な人と
関わっちゃったら、
「人間経験値が
上がったんだ」と
思いましょ。

次はもっとうまくかわせる。

112

経験値

113

人材

ミスを悔やみすぎないで。

ミスを悔やむような人材こそ、
必要とされるんだから。

本当の才能って誠実さなのよ。

誠実な人ならば、
誠実な人が集まり、
物事もうまくいく。
つまり、才能はつくれる。

114

才能

115

笑顔

世の中才能が
あることより、
いつも笑顔で
いることのほうが
メリットが大きいわ。

だからできるだけ笑いましょう。

116

無駄

忘れっぽい人、不器用な人は、合理的に動こうとしなくていいのよ。

ちょっとぐらい無駄が多くても、自分がやりやすい方法でヨシ。

117

結果

本当にうまくいくって、
結果が伸びること
じゃないのよ。

結果が気にならなくなることなのよ。

体調が悪いと
まるで別人みたいに
動けなくなるでしょ。

精神的にも調子が悪いと、
まるで別人みたいに性格も変わるのよ。
でも、それは本来の性格じゃないから。

118

別人

119

背中

人を育てたいのなら、自分の背中を見せるのが一番よ。

アナタが自分の信念に基づいて行動するということよ。

120
頑張る

頑張り屋さんが、
一番頑張るべきことは

頑張りすぎないこと。

121

過程

人生で求めるのは結果じゃないのよ。

楽しい過程よ。
ビジネスじゃないから。

アナタも自然の一部ですからね。

風に吹かれるように生きればいいんです。

122

自然

123

他人

他人に合わせてもいいのよ。

ただし、自分で納得しているのならね。
そして、無理やり納得しようと
してるのでなければね。

好きなことを
やって嫌われた？

それは、正解なのよ。

124

正解

125

気分

言語化されてないだけで充分な根拠があるかもしれないのよ。

「そのときの気分」を頭で否定しないほうが良い。

Tomy's room

夫は外づらがいいけれど本当はクレーマー

Q 私の夫は10歳年下なのですが、外づらがよく上司や同僚からの評判が良い半面、プライベートでは素行が悪く、店員さんや宅配便業者さんにクレーマーのように文句をつけることもあります。どうすれば変わってくれるでしょうか？（50歳女性）

A 夫婦といえども夫は他人。夫にしか変えられないからね。本人が「このままではいけない」と思わない限りは、どうにもならないでしょうね。変えられないけれど、「アナタのそういうところ、私は好きじゃない」などと伝えてみたらいいと思うわ。夫が嫌な対応をしたら、そっと離れて意思表示するとかね。「このままではよくないな」と思わせれば、少しは変わる可能性があるわ。

126

固まり

人生は
とんでもないことの
固まりなのよ。

ただ普段は、
日常が隠してくれてるだけ。

Tomy's advice

ほとんどのことは
どうでもいいのよ。

あるいは、いずれどうでもよくなる。
だから、今やりたいことだけが大事なの。

127
いい

128

善良

別に人生って、凄いことを成し遂げる必要なんかないのよ、善良な人として生きれば。

ううん、ちょっと違うかな?
善良に勝る凄い生き方なんてないわ。

129
のんびり

アイデアはリラックスしてないと出てこないのよ。

だから無理にひねり出そうとすると逆効果。
まずはのんびり過ごすこと。

130

文化

「友達」っていうのは文化なのよ。

多ければ多いほうがいい人もいる。
少ないほうがいい人もいる。
どっぷり浸かる人もいる。
自分の領域には触れさせたくない人もいる。
もちろん、誰もいなくてもいい人もいる。
良し悪しじゃなくて、自分の文化よ。

なんでもかんでも
結論を出さなくて
いいのよ。

ピンと来るまで置いときなさい。

131

ピン

132

遠慮なく

自分の身や心を
守ることは、
決して「申し訳ない」
ことではないのよ。

だから遠慮なく守ってください。

Tomy's advice

人を見る目の育て方。

自分が見たいように見ないことです。

133

見る目

134

存在

相手を許す必要なんかないのよ。

もはやどうでもいい存在だって理解すれば。

結局、自分の味方って
自分なのよ。

そう考えると
裏切り者っていうのは存在しない。
相手も自分を守ろうと
思っただけだから。

135

裏切り者

136

幸せ

最上級の幸せって、何だと思う？

「今は何も問題がないこと」だと思うわ。

137 ボチボチ

仕事を一気に
終わらせようとするから
しんどいのよ。

ボチボチでいいのよ。

138

愛嬌

愛嬌にだまされない。

愛嬌があるけれど、
よくよく考えればひどいことしている人って
結構いるのよ。
ちゃんと「何をした人か」考えること。

運と言われると
がっかりするけど、
縁と言われると
しゃあないなと
思うわよね。

実際、運じゃなくて縁なのよ。

139

運

140

気づき

できないことを
不幸に思うより、
やらなくて
済んでいる幸せを
噛みしめたほうがいいわ。

そっちのほうが気づきにくいけどね。

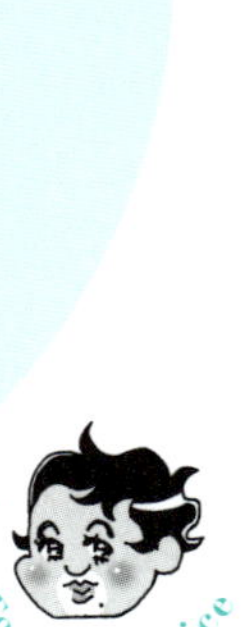

たいてい嫌な出来事って、
狭い世界の中で起きるわ。

その世界から出てしまえば
大した話ではないのよ。

141

世界

142

欲

欲張り者は、不幸な人。

いっぱいあっても、
いつまでも欲しがるのだから。
逆に幸せになりたければ、
欲を減らせばいいのよ。
これで充分。それが幸せ。

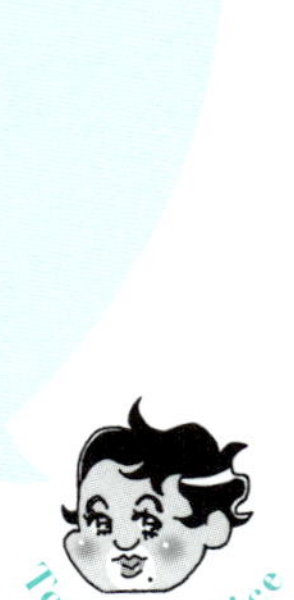

143 無視

無視する人って、
そんな手段しかない人
とも言えるのよ。

考える価値もないわよ。

144

味わう

そもそも、何もかもうまくいかなきゃダメなのかしらね？

うまくいかないときはやり過ごし、
うまくいったときは存分に味わう。
常にこれでいいんじゃないかしらね。

自己肯定感を高める練習。

「自分はダメな人」じゃなくて、
「自分にはダメなところもある」。
まず、小さなところから
発想を変えていきましょ。

145

自己肯定感

Tomy's story

迷ってしまって悩んだら……

悩みは尽きないものだけど、実はその大半は、自分自身の「感情」によって増えているの。感情によって、いろんなことを決めかねてしまうのよね。感情を交えず、あくまで合理的に、自動的に判断することが、悩みを減らすコツなんです。だから、とくに意識して、そのノウハウをお伝えするようにしているの。

人は日ごろから無数の決断をしているもの。そして、何を選んだらいいのか迷うことがある。どっちを選んでもいいこと、逆に悪いこともあって、甲乙つけられなくなっているのよ。そんなときは、その先に目を向けてみて。

もしAを選んだら、次の選択肢が出てくる。その中からBを選んだら、また違う選択肢が出てくる。そうやって、その先にも選択肢があるほうを選ぶといいの。

人はときに袋小路に迷い込むことがあるわ。それは、それまでの過程で、先がない選択肢を選び続けてきたから。つまり、つぶしの効かない生き方を、自ら選んできたからなのよ。

もちろん、悩みなく決められるときは、つぶしが効かない選択肢を選んでもいいのよ。それがアナタのやりたいことなんだから。

でも、悩むのなら、どちらでもいいと感じているともいえる。それだったら、その先の選択肢が多いものを選んだほうがいいわ。

ちなみに、これは「なぜ勉強するのか？」の答えにもなっているの。勉強をしていないと選べない選択肢がある。だから、勉強が大切なのよね。

どちらにするか悩んだら、
「そのあとの選択肢の多いほう」よ。
出口は多いほうがいい。

146

大事

自分を
大事にしてくれない人に、
かまっている
時間なんかないから。

振り向いてもらう必要なんかないのよ。

人生の転機って
あちこちに
転がってるのよ。

でもね、拾わないと拾えないわよ。
当たり前だけどね。

147

転機

148

他人軸

「いい人」を目指す必要なんてないのよ。

結果的に「いい人」と言われるならば、自分軸。でも「いい人」を目指したら他人軸だから。

149
モヤモヤ

やらないと
モヤモヤするなら、
やっておけ。

やることにモヤモヤするなら、
やめておけ。
答えは自分の「モヤモヤ」が
教えてくれるのよ。

150

自信

自信がない？

それがいいのよ。
自信満々で足をすくわれるより
よっぽどいいわ。

151

それでいい

泣きたくなったら、そんな繊細な感性があることに感謝するのもいいわ。

喜怒哀楽があるのもいい。
感情がフラットなのもいい。
それはそれでいい。

152

怒り

怒りに任せるのは
ダメだけど、
怒りを示すのは
必要なこと。

怒りを示さないと、
何も問題って解決しないのよ。
ずっと怒りを隠すことになる。

人の気持ちなんて
わかるはずもないわよ。

気まぐれでコロコロ変わるし、
理不尽なのが気持ちだから。
気持ちはとりあえず置いといて、
合理的に淡々と進めなさい。

153

淡々と

154

嫌われる

人に嫌われたんじゃないかと不安になるアナタが、本当に嫌われることはないわよ。

他人を傷つけても平気なやつが嫌われるの。

生きがいっていうのは、
なくても
生きられるんです。

生きてるうちにいいことも悪いこともある。
それでいいのよ。

155

生きる

156

極意

肩の力を抜いて、
来るものは拒まず、
去るものは追わず。

起きることは淡々と迎え、
嬉しければ喜び、
そうでなければときに流す。
これが生きる極意です。

時間はどんどん
流れてくれます。

嫌なことも過去のかなたに
押し流してくれます。
だからなんとかなるのよ。

157
流れる

158

ダメ

イライラの半分は焦るから起きるのよ。

「ダメならダメでもいいや」ぐらいに思っておけば減らせます。

誰にでも傷つけられる可能性はあるの。

そして知らないうちに
誰かを傷つけることも。
そういうものだと思っておけば、
ちょっと丈夫になる。

159 傷つける

160

置く

精神的に
安定する方法は、
なんとかしようと
しないことよ。

落ち着くまで置いておくこと。

魅力って、
その人らしさの
中にあるのよ。

だから、取り立てて
何かしないほうがいいのよ。

161

魅力

162

適当

人の心なんて適当なのよ。

ずっと優しいわけでもないし、
ずっと怖いわけでもない。
だからこっちも適当に構えていいの。

たいていのことは時間の問題。

やがて解決するのよ。
慌ててなんとかしなくても
いいんじゃない？

163

解決

164

五分五分

全くできないことにトライしたらいけませんわ。

自信がなくなって、嫌気がさします。時々できて、時々できないことにトライするのがいいわ。

嫌われるって
そんなに
悪いことじゃないのよ。

ちゃんと自分なりの言動がとれた証拠。

165
言動

気がつけば年下ばかり 若い子たちと交流すべきか

Q まだまだ若いと思っていましたが、いつの間にやら50代。気づけば、会社には年下だらけ。とくに20代の若い子たちに話を合わせてもらうなど、気を使わせるのも気が引けるので、遠ざかる自分がいます。遠慮せず、もっと積極的に関わったほうがいいのでしょうか？（54歳女性）

A アテクシも気がつけば、まわりが年下だらけのことが増えてきたの。でも、そんなの気にしたことはないわね。年齢は問わず、若い人にもどんどん話しかけますよ。もちろん無理に話しかけるのではなく、普通にコミュニケーションをとっているだけ。年齢は関係なくて、コミュニケーションをとりたい人ととればいいんですよ。自分が若いときだって、相手が年配だから輪に入ってほしくないなんて思わなかったでしょ？

Chapter 4

辛いときは頑張らない

166

楽

世の中いろんな考え方があるのよ。

どれが正解ってことはない。
自分が楽になるものを選べばいいだけよ。
考え方に固執して辛くなったら
意味がないでしょ。

ちゃんとした相手なら、合わせすぎても喜ばないのよ。

合わせないと不機嫌になる人は、
アナタのことをなんとも思ってない相手。
関わらないほうがいい。

167

相手

168

普通

想定内の
人生なんかないのよ。

思いもよらぬことが
起きるのが普通なんです。

後のことは、
後で考えればいいのよ。

先に考えすぎても、鮮度が落ちる。

169

鮮度

170

悲観

**わざと
悲観的になってみる、
最悪のことを考えてみる。**

すると、それよりはマシだなと
ちょっとホッとできる。
今の状況に感謝できる。
これが「ポジティブ悲観」の心得。

相手に引かれてしまったって？

悪気のない言動で引いてしまう相手なら、
いずれうまくいかなくなるわよ。
悔いることはない。

171

引く

172

払う

私たちはお金を払って生きているわけじゃないの。

時間を払って生きている。何に払うか、誰に払うかをよく考えて生きないと。

173
大丈夫

辛い時期が続いても、
辛い人生に
なるわけじゃない。

幸せな時期が来れば、
「あぁ幸せな人生だなあ」と
一瞬で思えるようになるのよ。
だから大丈夫。

174

いつも

物事には
終わりがあるから、
楽しさも感じられるの。

いつもあるとは思わないことよ。

自分が考え抜いた結論に、どうのこうの言われる筋合いなんてないのよ。

だってその人が責任とってくれるわけじゃないでしょ？
世の中やっていくには、
これぐらい強気でちょうどいいんです。

175

筋合い

176

素直

世の中、
意地張って
いいことなんて
1つもないのよ。

素直になったもんがちです。

いつも謙虚なほうがいい。

「何でもできる」って思っていると、
できないときに凹むから。
謙虚さは他人への配慮だけでなく、
自分への配慮でもあるの。

177

配慮

178

やめる

「やっても大丈夫かなぁ？」
って悩むときは、
たいてい不安が勝つわ。

だから、やめておくが吉。
やるべきときは、悩む間もなく動いてます。

世界は変わらないけど、
世界の見方なら
変えられるわ。

つまり、いくらでも幸せになれる。

179

見方

180

楽しみ

楽しみなんて
1個あれば充分。

2個以上あれば幸せもの。
何もなければ、探す楽しみがあるわ。

生きるのに、後ろ向きも前向きもないわよ。

強いて言うなら、生きているだけで時を歩んでいるから前向きよね。

181 前向き

182

自分

人の評価なんて
いい加減なものよ。

だって他人事なんだから。
自分を評価するのは自分。

183

違和感

自分の考えって
いきなり
出てくるわけじゃないの。

まずは「違和感」として出てくる。
だから違和感を押し殺さないこと。
形になるまで、心に留めておくの。

184

へりくだる

人間関係を良くしようと思ったら、必要以上にへりくだらないことよ。

気を使いすぎ、下手に出すぎは、決して良い結果につながらないわ。

Tomy's room

夫婦関係がマンネリ化
新しい刺激を求める気持ちも

Q 子育てがいち段落するとともに、夫婦関係が変化しはじめているような気がします。子ども抜きの２人の時間が増えてきたのですが、それが私たちの関係にどのような影響を与えるか心配です。コミュニケーションも不足しがちです……。（59歳男性）

A これは２人での共有体験を増やすのが、一番いいのよ。無理に会話でつなぐ必要なんてないの。一緒に近場でもいいから出かけたり、外食したり、映画を見たり。共有体験があれば、自然と会話が生まれます。ただし、これは意識的にやらないと、惰性では何も進みません。何か一緒にやりなさいな。つまりはデートですよ、デート。まずは一緒に自宅のテレビでアマプラ見るとかでもいいんです。

185

顔色

**人の顔色なんて
うかがわなくて
いいのよ。**

自分の機嫌で他人を
振り回すような人なんて、
どうでもいい。

何かがうまくいかなかったら、「次に行け」ってことなのよ。

そう考えると、うまくいったら楽しい。
うまくいかなかったら次が楽しみ。

186
次

187

素敵

昨日のことはどうでもいい。

明日のことは明日でいい。
今日を素敵な１日にしましょ。

人間なんて、みんなポンコツなのよ。

アナタもポンコツ。
ワタシもポンコツ。
それでいい。
機械じゃないんだから。

188

ポンコツ

189

嘲笑

失敗して
笑うような連中は、
そもそも
アナタが付き合うような
連中じゃないでしょ。

何にも恥ずかしくないわ。

人生に一番必要なのは、自分の気持ちがわかること。

自分の気持ちがわかれば、
自分が納得する選択肢が選べるから。

190

気持ち

191

孤独

人は動いていれば、必ず出会いがあります。

自分の考えに従ってちゃんと行動していれば、孤独にはならないわ。

朝が来て、
新しい人生が始まる。

夜寝ると今日の人生は終わる。
そしてまた翌朝新しい人生が始まる。
そう考えて生きたら、
あまり小さなことを考えなくて済むわよ。

192
朝

193

ニッチ

才能ってニッチなところにあったりするのよ。

勉強はできなくても、漢文だけ得意だとか。
スポーツは苦手だけど、けん玉だけうまいとか。
才能のある人は、ニッチを探すのがうまい人。

日々の買い物、
お食事、ゴロゴロタイム。

そんな時間を楽しめる状態が、
最高の幸せなの。

194

最高

195

ご縁

友人から連絡が来なくなったからといって、アナタに問題があるとは限らないわよ。

相手に原因があることもある。
ご縁があればまたつながるわ。
ご縁任せで置いとこう。

196
ネガティブ

コミュニケーション能力に自信がなかったら、とりあえずポジティブなことだけを言うようにしましょ。

ネガティブなことを言うと、「実は盛り上がってるのは自分だけ」のリスクがあるのよ。

197

運

運が悪いときもある。

でも、運がいいときもあるんだから、
そんなに悔しがらなくていいのよ。

198
バケーション

リゾートって何もしないのが贅沢でしょ？

だったら、どこかにいかなくても、
徹底的に何もしない時間を
つくるのも贅沢よ。
これも立派なホームバケーション。

199

大切

**自分のことを無理に
好きにならなくても
いいのよ。**

そう思うこと自体が、
自分を大切にしてないの。

隣の芝は青い。

だから、自分の個性よりも
他人の個性のほうが良く見えがち。
でも、そんなことはないのよ。

200

個性

201

心配

人って
よっぽどのことがないと、
他人を嫌わないのよ。

アナタだってそうじゃない？
ちょっと連絡を忘れたとか、
段取り悪かったとか、
そんな些細なことで嫌いにはならない。
もしそんな人がいたら、
ただのめんどくさい人でしょ。
だから心配いらないわよ。

疲れていると人は攻撃的になる。

だからといって、
その人の本質が攻撃的ってわけじゃない。
普段のその人を信じてあげて。

202

攻撃的

Tomy's story

思い通りの人生？

「人生が思い通りにならない」というお悩みが、けっこうアテクシのところに寄せられるのよね。これは個別具体的な境遇によるから、それを聞いてからアドバイスをすることが多い。でも、ふと思うのよね。「人生を思い通りにしようとするから辛くなるんじゃない？」と。

そもそも人生なんて、思い通りにならないことのほうが多いのよね。それなのに、「なんとかするぞ！」「なんとかしなきゃいけないんだ！」なんてあらがって、アレコレ頑張っちゃう。でも、年齢を重ねてくると、どうにもならないことを受け入れて、なんとなく達観するようになるもの。そうすると、ちょっと気持ちがラクになるのよね。

でも、どうせだったら、なし崩し的に達観するんじゃなくて、最初から意図的に「なんとかしようとしない」と割り切ったほうが、もっとラクになる。アテクシも、ゲイだと自覚したあたりから、「人生にあらがう」という発想をやめたの。ただやってみたいことをやるだけ。

そうすると、いろんな想像もできないことが次々起こっても、気持ちがラクだし楽しいし、いいことずくめになった。

思い通りの人生というのは、想定内の人生とも言えるでしょ？　そんなのつまらないじゃない。思い通りにしようとしなくていい。すると、人生の可能性もうんと広がる。

人生が思い通りにならないのは、思い通りにしようとするからよ。
来るもの、あるものを楽しむ。
そんなスタンスがいい。

203

話す

辛いときは自分で頑張らない。

抱え込む必要なんかないのよ。
誰かに話しましょ。
いつか他人が辛いときに、
話を聞いてあげたらいいのよ。
おあいこさま、お互いさま。

自分の「自然体」を覚えておくといいわよ。

よく眠れて、不安にもならず、
焦ることもなく、暇すぎることもない。
ナチュラルで肩の力が抜けて、
これならずっとやっていけそうだなって感覚。
こんな状態になれる環境は、
言うまでもなく幸せでありがたい。

204 自然体

205

らしさ

自分らしい生き方になるには、時間がかかるのよ。

でも不可能じゃない。
そのあんばいがいい。

愛情って？

言葉じゃなくて行動よ。

206

行動

207

競争

アナタは誰とも競争してないわ。

だってアナタのコースは、
アナタしか走れないんだから。
焦らなくていい。

最も大切な哲学って、
自分の哲学を
作り上げること
だと思うの。

それが自分軸よ。

208

哲学

209

無理

無理したら何とかなるわけじゃない。

だいたい、どこかが壊れるだけよ。

物事を善悪で判断しないこと。

善いか悪いかなんて感情的なものだから。
感情で判断するのと同じじよ。
あくまで合理的に判断するの。

210

判断

211

老い

誰にもピークがあって、
老いも訪れるわ。

他人のピークを見て、
うらやましがっても仕方のないことよ。
自分の山を登らないとね。

212

思い込み

誰だって間違える。

誰だって恥ずかしいこともある。
誰だって落ち込むこともある。
なのに、自分だけがそうなっている気がする。
それは立派な思い込みよ。

213

昔

たとえ
ケンカしちゃってもさ、
昔、楽しかったのなら、
それでいいじゃない。

いいのよ。

いろいろと
うまくいかない
ときってあるわよね。

そんなときの最善策は、
何もしないこと。
できれば寝ること。

214
寝る

215

毎日

家と職場を往復する毎日？

それでいいのよ。
どんなにキラキラしている人も、
往復する毎日よ。
その中で楽しんで生きてるの。

自分を否定するのは後回しでいいのよ。

やり方、環境、目標の立て方、やれることは、いろいろあるもの。

216

否定

217

比較

人生っていうのは、
たった1つ、
自分の人生しかないのよ。

だから比較なんてできないのよ。

人を好きになるのに、「嫌なところがない」必要はないわ。

好きなところが1つでもあれば、充分なのよ。

218 嫌なところ

219

辛さ

辛いことの何が辛いって、
そんなことを
考えている間も
辛いってことよ。

辛さに復讐してあげましょう。
もうこれ以上そんなこと考えないぞって。

最後は才能より人柄なのよ。

人柄が良くなければ、誰も応援したいとは思わないでしょ。

220 人柄

221

人

人は好きか、
嫌いかじゃない。

関わるか、関わらないかよ。

もうすぐ定年退職になる 誰とも話さなくなるかもと不安

Q 定年退職を意識する年齢になってきました。これまで続けてきた仕事がなくなると、「毎日が日曜日」で自由時間が増えるわけですが、とくに趣味もなく、暇を持て余しそう。仕事をやめたら、誰とも話さなくなるんじゃないかと怖いです。（59歳女性）

A アテクシも最近、自分のクリニックを事業承継して、執筆をメインの生活にしたんです。まぁセミリタイアみたいな生活よね。そうすると、やっぱり他人と会話する機会は減ってしまいがち。だから週2回、友人のクリニックで診察しているの。ボランティアでもサークルでもジムでも、なんでもいい。何か外部と接点をつくったほうがいい。そこからいろんなイベントが発生するから、意外と暇にはなりません。

おわりに

人生も後半に差しかかり、若いころに比べると心身の衰えもあって、ややもするとネガティブな思考が優位になりがちなのが50代です。それでも、考え方をちょっと変えてみるだけで、「若さと老いのいいとこ取り」ができる年代ともいえるのです。

漫画『サザエさん』のお父さん・磯野波平さんは54歳。その年齢にしては老けているイメージですが、今の50代はまだまだ若いですよね。旅行もスポーツも楽しめるし、仕事だって現役バリバリのはず。

若いころに比べれば、落ち着きもあるし、経験も蓄積されてきているので、ちょっとやそっとのことでは動揺もしない。嫌なことだって、いろんな人生経験を積んで、うまく流せるようになっているはずです。

まったりゆったりと、大人の遊び方もできます。物事への執着だって、昔に比べれば、上手に手放せるようになっているでしょう。

50代というのは、20代のころのような体力はないものの、まだまだ元気だし、人生経験も豊か。十字に仕切った箱にいろんな料理を盛って楽しめる「松花堂弁当」みたいな感じではないでしょうか。

ただ、そんなバラエティに富んだ人生を楽しめる年代であっても、柔軟に物事をとらえる必要があります。なぜなら、どんな物ごとにも表と裏・光と影があるので、自分が楽しく生きられるような面から見るべきだからです。

つまり、50代に必要なのは、ちょっとした上手な考え方、それだけなんです。この本が考え方のヒントになったのなら、著者としてこの上ない幸せです。

精神科医 Tomy
（せいしんかい・とみー）

1978年生まれ。東海中学・東海高校を経て、名古屋大学医学部卒業。医師免許取得後、名古屋大学精神科医局入局。精神保健指定医、日本精神神経学会専門医。39万フォロワー突破のX（旧・Twitter）が人気で、テレビ・ラジオなどマスコミ出演多数。著書『精神科医Tomyが教える 1秒で不安が吹き飛ぶ言葉』（ダイヤモンド社）に始まる「1秒シリーズ」は、33万部突破のベストセラーとなり、『精神科医Tomyが教える 心の執着の手放し方』（ダイヤモンド社）の小説シリーズも反響を呼ぶ。

精神科医Tomyが教える
50代を上手に生きる言葉

2024年10月 8 日　第1刷発行
2024年10月23日　第2刷発行

著　者　精神科医 Tomy
発行所　ダイヤモンド社
〒150-8409 東京都渋谷区神宮前6 -12-17
https://www.diamond.co.jp/
Tel 03-5778-7233（編集）　03-5778-7240（販売）
デザイン　金井久幸（TwoThree）
DTP　TwoThree
イラスト　カツヤマケイコ
校正　鷗来堂
製作進行　ダイヤモンド・グラフィック社
印刷・製本　三松堂
編集担当　斎藤順

ISBN 978-4-478-12068-2